CONSEIL CENTRAL D'HYGIÈNE ET DE SALUBRITÉ
Du département du Nord.

Séance du 26 Janvier 1852.

RAPPORT

SUR LE

ROUISSAGE DU LIN,

PAR UNE COMMISSION COMPOSÉE DE

MM. **BAILLY**, **DELEZENNE**, Professeur, **BRIGANDAT**,
et **LOISET**, Rapporteur.

LILLE,
IMPRIMERIE DE LEFEBVRE-DUCROCQ, PLACE DU THÉATRE, 36.
1852.

Conserver la couverture.

RAPPORT [1]

AU CONSEIL CENTRAL DE SALUBRITÉ DU NORD,

SUR LE

ROUISSAGE DU LIN.

SÉANCE DU 26 JANVIER 1852.

MESSIEURS,

Le Conseil général du département, dans sa session de 1849, avait émis le vœu que des mesures de salubrité fussent prises relativement aux émanations dangereuses provenant des routoirs. Une enquête fut en conséquence ouverte par les soins de M. le Préfet auprès de toutes les Sociétés d'agriculture du département, et c'est après avoir résumé leurs avis, que M. Charles Desmoutiers, dans l'avant-dernière session de la représentation départementale, proposa et fit adopter l'interdiction d'opérer le rouissage à une distance moindre de 200 mètres de l'agglomération des habitations et des principales voies de communication.

C'est à ce degré d'instruction que, par sa lettre en date du 4 octobre 1850, M. le Préfet réclama votre avis et déféra la question à votre examen ; vous nous avez chargés en conséquence, MM. Delezenne, professeur ; Brigandat, Bailly et moi, de vous

(1) L'intérêt d'actualité qui s'attache en ce moment à la question linière, a déterminé le conseil central à donner, exceptionnellement en en dehors du compte rendu annuel de ses travaux, une publicité prématurée et isolée de ce rapport.

soumettre un projet de déclaration qui réponde à la demande de l'autorité préfectorale.

La mesure réglementaire dont il s'agit est des plus grave; elle touche à l'existence même de l'un des plus anciens et des plus considérables intérêts agricoles du pays; aussi considérons-nous comme un devoir d'entrer dans des détails qui fassent connaître l'étendue et la portée qu'elle peut avoir sur notre prospérité rurale.

Etat actuel de la culture du lin dans le département du Nord.

La décadence de la culture du lin est un fait malheureusement trop constaté, qui a vivement préoccupé depuis quelques années notre Conseil général, nos Chambres de commerce et nos Sociétés d'agriculture : l'étendue du territoire départemental consacré, avant 1836, à cette plante textile par excellence, s'élevait à près de 15,000 hectares, c'est-à-dire à environ la vingt-troisième partie de nos terres arables; en 1840, elle avait déjà éprouvé une réduction considérable, puisqu'elle ne figure plus dans la grande statistique agricole publiée par le Ministre de l'agriculture et du commerce, que pour 10,226 hectares répartis ainsi qu'il suit :

ARRONDISSEMENTS DE

Lille.	Dunkerque.	Douai.	Hazebrouck.	Valenciennes	Cambrai.	Avesnes.
hect.	hect.	hect.	hect.	hect.	hect.	hect.
3,110	2,099	1,741	1,417	827	519	513

Depuis, la situation de cette branche importante de notre production agricole s'est encore aggravée ; il résulte de l'enquête ouverte par M. le Préfet auprès des Sociétés d'agriculture, qu'elle a complètement disparu de l'arrondissement de Valenciennes; que dans les arrondissements d'Avesnes et de Cambrai, elle est en voie d'extinction, et qu'elle est considérablement déchue dans les autres arrondissements ; aussi est-on généralement d'accord pour estimer qu'elle n'occupe plus que 5,000 hectares ou le tiers des terres que nos assolements lui destinaient il y a 15 à 16 ans.

Ce dépérissement n'est pas un fait local et isolé ; il affecte l'ensemble de la production linière française : en 1839, près de 100,000 hectares lui étaient abandonnés, et quelques années plus tard, en 1843, un recensement fait par le gouvernement constatait que le domaine agricole de la France entière ne lui en accordait plus que 90,000 hectares. Dans un rapport lu et adopté par le Conseil général de l'Agriculture, des Manufactures et du Commerce, séance du 26 décembre 1850, M. Homond déclare qu'en 1849, la culture du lin n'occupe pas 70,000 hectares et que la Bretagne, qui présentait encore à elle seule, en 1838 la sixième partie de notre production linière, avait éprouvé une réduction de deux tiers.

Les principales causes de cette grande perturbation résident : 1.° Dans l'introduction d'ingénieuses machines qui sont venues déshériter la chaumière du modeste salaire provenant du filage et du tissage du lin, pour concentrer ces opérations dans de vastes manufactures urbaines ; 2.° dans la substitution des produits liniers étrangers à ceux indigènes, pour alimenter le travail de ces établissements.

Cette révolution, tout à la fois industrielle et agricole, se résume dans les faits suivants :

Il existait en 1849 en France, 250,000 (1) broches mécaniques produisant 23,000,000 kilog. de fil, lesquels représentent 28,000,000 kilog. de lin teillé.

D'après la moyenne des importations des dernières années, sur cette quantité figurent 18,000,000 kilog. de lins étrangers : reste pour lins indigènes un placement ne dépassant pas 10,000,000 kilog.

---

(1) Si les affirmations qui nous sont données se vérifiaient, le nombre des broches françaises devrait s'élever en 1852 à 400,000. L'Angleterre en 1850 possédait 1,200,000 broches.

Or, la production linière française était naguère de 36,000,000 kilog. de filasse, ayant une valeur de 45,000,000 francs : notre culture nationale de lin a donc supporté une réduction de plus de deux tiers, et éprouvé une perte qui dépasse 30,000,000 fr. dont environ trois cinquièmes applicables à la main-d'œuvre.

Le seul département du Nord, indépendamment des pertes incalculables qu'il a dû subir par suite de la suppression du filage à la main, a vu s'affaiblir de quatre millions et demi de francs, la valeur de sa culture linière : 2,750,000 journées de travail y ont été supprimées par le fait de cette décadence et ont enlevé 3,430,000 francs aux populations les plus nécessiteuses des campagnes. Enfin, les cultivateurs qui, vers 1840, recueillaient d'un hectare ensemencé en lin une moyenne d'environ 900 francs en produits oléagineux et textiles, n'en obtiennent plus actuellement qu'à peu près 620 francs.

Pour constater l'effet désastreux où l'affaissement de cette branche si importante d'activité rurale a plongé les campagnes, il suffira de transcrire ici l'exemple suivant rapporté par le docteur Mersman dans son histoire médicale de la Flandre-Occidentale.

« Eeghem, dit-il, est un charmant village situé au milieu » d'une contrée parfaitement cultivée ; sa population est de » 1900 ames, et telle était sa prospérité encore en 1836, qu'il » n'y avait pas dans la commune un seul pauvre, et que, comme » l'attestent les documents du bureau de bienfaisance, les pains » de la table des pauvres étaient donnés aux indigents des com» munes voisines ou à des mendiants nomades : aujourd'hui, » sur 1900 ames, il y a 1300 personnes tombées dans l'indi» gence, et qui sont à la charge de la charité publique ou privée; » en 1847, la mortalité s'est élevée à 106 ; dans ce nombre » il y avait 99 indigents : depuis le 1.er janvier 1848, jusqu'au » 21 mars, il y a eu 26 décès, dont un seul appartient à la » classe aisée.

» Pour soulager cette malheureuse population, la commune

» qui n'avait qu'un secours de 112 francs, a dépensé, en 1847, » 16,242 francs en distributions de soupes économiques.

» Les chaumières, autrefois propres et coquettes, n'y sont » plus que des masures délabrées, tombant en ruine et n'abritant » plus ses malheureux habitants contre les intempéries ; ceux-ci, » jadis robustes, portent le cachet des privations et des souf- » frances ; ils croupissent dans la malpropreté; sont couverts de » sordides haillons, et sont couchés pêle-mêle sur de la paille » en pourriture. »

Ce sombre tableau est loin d'être aussi chargé dans les communes françaises limitrophes de celles qui sont décrites par le docteur Mersman ; mais pour frapper sur une plus faible échelle, la cause de ruine n'en a pas moins une déplorable action sur une partie de nos populations rurales ; de nombreux *ménagers* qui ensemençaient autrefois un *quartier* de terre en lin, et trouvaient dans sa dépouille profit et travail pour la famille entière, ont complètement perdu ce moyen d'existence, et sont, par suite, plongés dans la plus profonde détresse partout où de nouvelles sources d'activité ne se sont pas développées.

En se substituant à nos produits nationaux, dans nos propres filatures, les lins exotiques n'y parviennent, en général, qu'après avoir subi les diverses préparations qui les rendent aptes à être immédiatement manufacturés, c'est-à-dire alors qu'ils sont *rouis, écangués, teillés*, et quelquefois même *peignés;* cela résulte des chiffres suivants, publiés dans les documents commerciaux de la douane.

Les importations en lins ont été :

	Lins bruts.	Lins teillés et étoupes.	Lins peignés.
En 1849,	98,876 kil.	19,461,490 kil.	44,691 kil.
En 1850,	417,918	17,852,867	2,679

L'ensemble de ces importations représente la récolte d'environ 50,000 hectares.

Déduction faite des pertes éprouvées par la transformation des lins bruts en filasses, on n'introduit donc du dehors que 1/4 p. 0/0 des premiers comparativement aux lins teillés et peignés réunis.

En d'autres termes, notre agriculture n'a pas été seulement écartée du marché français par cette somme énorme de 18 millions et demi de produits liniers, mais les industries rurales, consistant dans les premières préparations de la matière textile, ont été atteintes du même coup et dans les mêmes proportions.

Une seule et bien faible compensation reste à nos campagnes vaincues dans la plus riche de ses branches de production, c'est d'avoir réduit considérablement l'étendue et les dangers du rouissage. Sous ce rapport, les mesures provoquées par le Conseil général, sont loin d'être aussi urgentes que par le passé, et nous verrons par les considérations suivantes, qu'elles ne sont susceptibles que d'une application beaucoup plus restreinte qu'on ne le pense.

Du rouissage du lin et de ses divers modes dans le département du Nord.

Le rouissage est une opération bien plus agricole qu'industrielle, léguée traditionnellement et dans sa simplicité primitive aux générations actuelles, telle que l'exécutaient déjà les *Celtes*, les *Scandinaves*, les *Scythes* et même les *Germains*, lors de la conquête des Gaules. La culture et la préparation du lin étaient du domaine des femmes chez ces peuples et c'est d'eux, au rapport de Virgile que les Romains les reçurent : suivant M. Rapsaët la production et l'extraction des fibres linières se seraient introduites dans les Flandres, dès le troisième siècle avant l'ère chrétienne, par l'invasion des hordes barbares venues des bords de la mer Noire, qui elles-mêmes les avaient probablement reçues de l'Egypte et de l'Inde. La pratique du rouissage consiste à provoquer une réaction chimique destinée à détruire la matière glutineuse qui enveloppe et agglomère les fibres textiles des tiges du lin : elle embrasse une série de procédés très-nombreux et très-variés qui peuvent se résumer, soit dans la condensation de l'humidité atmosphérique sur la matière brute à préparer, soit dans l'immersion de celle-ci, au milieu des eaux courantes ou stagnantes : quelques détails sur chacune de ces catégories opératoires sont indispensables pour faire comprendre leur inégale insalubrité.

Rouissage à la rosée dit rorage ou encore séreinage.

C'est dans le cours des mois d'août et de septembre qu'on pratique cette méthode de rouissage en apposant le lin de la dernière récolte, en couches minces ou *ondins* sur l'herbe courte des prairies, vergers ou jeunes trèfles de l'année, de manière à lui faire subir pendant quatre à cinq semaines, l'action alternative ou simultanée de la rosée, de la pluie, de l'air et du soleil : ce sont les lins de médiocre ou de basse qualité qui sont traités ainsi, et il est généralement reconnu que ce procédé porte une plus grande atteinte à la tenacité de la filasse, que les autres moyens de rouissage; cependant il est adopté universellement mais non exclusivement sur tous les points de l'Europe et particulièrement dans tous les cantons de notre département, pour les produits textiles de faible valeur, et nulle part ses effets n'ont été signalés comme malfaisants sur la santé des populations.

Dans l'arrondissement d'Avesnes on expose encore, comme en Russie, les tiges de lin destinées au rouissage, sur la neige en février et mars, et cette pratique donne une belle couleur jaunâtre et plus de solidité aux fibres textiles désagrégées. Au point de vue sanitaire, l'opération rentre dans les conditions précédentes.

Rouissage proprement dit, ou rouissage à l'eau.

Il s'exécute par immersion, soit dans les eaux stagnantes, soit dans les eaux courantes : de là, la distinction très-naturelle en deux catégories des diverses méthodes de l'appliquer.

1.° *Rouissage à l'eau stagnante.* Ce sont ordinairement les marais qui avoisinent les cours de l'Escaut, de la Scarpe, de la Deûle et de la Lys, que les cultivateurs du département du Nord choisissent pour l'établissement de leurs routoirs : ils préfèrent les parties désignées sous le nom de *clairs*, où l'extraction de la tourbe a donné plus de profondeur, et ils estiment que le lin y conserve plus de poids : dans l'arrondissement de Dunkerque et dans une portion de celui d'Hazebrouck, il suffit de s'enfoncer de quelques pieds dans le sol, pour que des bassins naturels se présentent propres au rouissage; leurs eaux dormantes n'en sont que plus favorables pour cette opération, et quoique la présence du lin tende à la corrompre, elles sont facilement ravivées par les eaux de fond ou purifiées par les gelées : ces deux modes de rouissage ne sont applicables qu'aux lins dits de *gros*, c'est-à-dire de basse ou de moyenne finesse : ils se pratiquent le plus communément en août et septembre sur la récolte de l'année, ou bien le printemps suivant : sur quelques points, les tiges textiles sont plongées aussitôt la récolte et avant leur dissiccation, dans des fossés où elles séjournent dix à douze jours; on a remarqué que la présence de mauvaises herbes, crues spontanément dans le fond de ces sortes de routoirs, donnait plus de qualité à la filasse et lui procurait une belle couleur bleue argentée qui la fait rechercher : tous ces systèmes comportent des manipulations tendantes à rassembler à lier par masses plus ou moins considérables, les bottes de lin brut, à en opérer l'immersion, de manière, soit à les rendre mobiles pour en varier les surfaces, soit à les assujettir de façon qu'elles restent fixes pendant toute la durée de l'opération.

2.° *Rouissage à l'eau courante.* Les meilleures qualités de lin sont seules soumises à ce genre de préparation qui ne se pratique que dans la Lys, entre Armentières et Menin, et surtout aux environs de Bousbecques, où sont transportés de sept à huit lieues à la ronde, les produits de la culture linière du pays. Divers procédés y sont en usage, nous ne saurions mieux faire pour les préciser que d'extraire les passages suivants, de ce que l'un de nous a consigné d'après les renseignements d'un agriculteur distingué, M. Lecat, de Bondues, dans le compte-rendu de l'exposition agricole faite à Lille en 1850.

Premier procédé dit Petit Tour.

Le lin, rentré bien sec dans la grange depuis une huitaine de jours, est battu, puis conduit immédiatement à la rivière afin d'y être *roui* et ensuite *curé*, c'est-à-dire étendu sur la prairie pour le faire blanchir.

L'immersion du lin se fait par fortes masses nommées ballons.

Le *ballon* contient environ 200 *bongeaux*, ou 400 gerbes, pesant en totalité environ 1,400 kilogrammes.

Près de chaque routoir existent des entrepreneurs qui se chargent de ces opérations aux prix ci-après :

1.° pour l'eau.	6 francs.
2.° pour le travail	7
3.° pour le curage	8
4.° pour location de la prairie, environ .	2
Total .	23 fr. du ballon.

Deuxième procédé dit Demi-Tour.

On fait rouir comme dans la méthode précédente, d'août à septembre ; on diffère alors jusqu'à la fin de mars de l'année suivante pour faire curer : en ce cas, il y a une différence en plus pour la location de la prairie.

Troisième procédé dit Grand Tour.

On ne bat le lin que vers la fin de l'hiver, on le fait rouir dans le courant de juin ou juillet; une fois roui, on le remet de nouveau en grange jusque vers la fin de mars ou le commencement d'avril de l'année suivante, époque où on l'étend sur la prairie pour le faire curer.

On doit ici faire observer que ce n'est que les lins d'une qualité tout-à-fait supérieure que l'on *mène au grand tour*.

Il y a encore un quatrième procédé (moins usité), qui consiste à ne laisser le lin étendu sur la prairie que 24 heures d'un côté et 24 heures de l'autre. Cette méthode s'appelle *curer à la minute*.

Enfin une dernière modification a été introduite depuis peu : elle consiste à doubler le rouissage en laissant entre les deux opérations un intervalle égal à une année.

Relativement à la durée du rouissage et du curage, elle dépend de la température qui exerce une grande influence sur la plus ou moins grande promptitude de dissolution de la matière glutineuse qui unit les fibres textiles du lin. On reconnaît que le lin est assez roui, quand, prenant une tige par le bout, la filasse s'en détache tout entière et sans effort; de même, quand le lin est étendu sur la prairie, on essaie de temps en temps une poignée afin de s'assurer s'il se trouve dans les conditions propres à être teillé; il convient toujours, pour ces sortes d'appréciations, de prendre l'avis d'hommes expérimentés et bien entendus.

A des degrés divers, tous ces systèmes de rouissage à l'eau entraînent des causes graves d'insalubrité : les principes délétères développés par la fermentation du lin brut et dissous dans le liquide d'immersion, portent au loin la mort parmi les poissons et les crustacés qui peuplent les cours d'eaux et les réservoirs en communication avec les routoirs : de là naissent des plaintes fondées et parfois des actions judiciaires de la part des intéressés: quelques personnes pensent même que cette influence funeste s'étend sur les bestiaux qui s'abreuvent des eaux altérées par le rouissage du chanvre ou de lin, mais cette accusation ne semble pas justifiée, si l'on s'en réfère du moins aux déclarations de nos cultivateurs et à l'enquête ouverte en Belgique par M. Mareau pour y constater l'état de l'industrie linière (1). L'air reçoit et se charge aussi d'infectes exhalaisons gazeuses qui s'échappent des routoirs durant l'opération du rouissage, et quoiqu'on en ait exagéré probablement l'action malfaisante, il demeure bien constant qu'elles sont insalubres et que l'hygiène publique est intéressée à ce qu'elles deviennent l'objet de précautions sanitaires.

Les inconvénients qu'on peut si justement reprocher au rouissage à l'eau, ont depuis longtemps provoqué des recherches dans le but d'y substituer un autre mode de désagrégation des fibres textiles qui n'exposent pas la santé des populations.

L'abbé Rosier avait proposé et l'on a essayé, sur ses avis, dans quelques localités, d'enfouir le chanvre et le lin dans des fosses recouvertes de terre, pour leur faire subir le rouissage; mais ce moyen fut promptement abandonné.

Vers le commencement de ce siècle, le procédé de M. Bralle fut préconisé comme devant atteindre le but; il consistait à exposer pendant deux heures le chanvre ou le lin à une température de 72 degrés Réaumur, dans une dissolution de savon noir contenu en un vaste cylindre de cuivre enveloppé par un fourneau de maçonnerie. Les premiers essais qui furent tentés relativement à l'invention Bralle, devant une commission scientifique présidée par Berthollet, promettaient un succès que l'avenir n'a pas réalisé.

Plus tard, M. Christian, directeur du Conservatoire des Arts et Métiers, fit construire un ingénieux appareil à l'aide duquel il prétendait désunir les fibres textiles du lin, sans macération préalable et en soumettant les tiges à la simple pression de cylindres cannelés; ce moyen n'a pas pu prévaloir dans la pratique industrielle.

Sur divers points de l'Europe, l'idée de Bralle et celle de

---

(1) Rapport à M. Dumas, ministre de l'agriculture et du commerce, publié aux frais du budget, par Théodore Marcau, membre de l'Assemblée législative.

Christian, plus ou moins modifiées, ont été essayées sans plus de succès; on peut citer de ce nombre les tentatives faites, il y a quelque dix ans, en Belgique, par MM. Scheidweller, de Cureghem, et Mertens, de Gand.

Suivant M. Mareau, un nouveau système de rouissage se serait répandu en Irlande; il consisterait à opérer avec l'eau chaude. Le travail se fait en 60 heures, après lesquelles on pratique l'étandage et on retourne cinq ou six fois.

Enfin, dans un rapport inséré au *Moniteur* du 4 octobre 1830, et adressé au Ministre de l'agriculture et du commerce, M. Payen, membre de l'Institut, fait connaître un procédé de rouissage américain, ainsi appelé parce que son inventeur Chenck l'a créé et répandu aux Etats-Unis, procédé qui est devenu tout-à-fait usuel dans les grands établissements liniers des îles britanniques, et particulièrement dans les environs de Belfast; voici succinctement en quoi il consiste :

Le lin est d'abord égrené à l'aide d'un ustensile fort simple composé de deux rouleaux creux en fonte disposés horizontalement; il suffit de passer une ou deux fois, entre ces deux cylindres, tournant en sens inverse, la portion chargée de graine de chaque peignée de lin, pour en détacher la graine qui tombe avec ses enveloppes. Les tiges sont ensuite portées aux cuves de rouissage rangées sur deux lignes parallèles, elles y sont immergées à l'aide d'un faux-fond percé à jour et soumises par un courant de vapeur à une température de 32 degrés centigrades pendant environ 90 heures, après quoi on fait écouler l'eau, et le lin est porté au séchoir, où il séjourne en moyenne à peu près trois jours; le broyage et le teillage sont opérés par des machines spéciales.

Diverses causes ont concouru à multiplier ce genre d'établissement dans les îles britanniques, au premier rang figure la propagation de la culture du lin, naguère de faible importance au-delà du détroit; puis vient l'inexpérience ou l'inhabilité des cultivateurs dans la pratique du rouissage ordinaire et enfin le manque des conditions nécessaires pour l'accomplissement de cette opération (1).

A s'en rapporter à l'appréciation de juges très-compétents, MM. Six frères, de Wazemmes, qui viennent de faire une excursion en Irlande dans le seul et unique but d'y étudier la question linière sous toutes ses faces, les avantages du système américain de rouissage seraient très-contestables au point de vue du prix de revient comparatif avec le rouissage à l'eau.

Après avoir constaté les difficultés matérielles et surtout financières de la création de ces vastes établissements, nos investiteurs se demandent d'abord si les produits en sont supérieurs, ou au moins égaux à ceux obtenus des routoirs vulgaires ? Et ils répondent négativement en déclarant que la filasse qui en provient est plus sèche au toucher et que son aspect offre moins d'éclat et de soyeux : l'économie sur les anciennes méthodes ne leur semble pas plus admisible, « car, disent-ils, le rouissage *double* » dans la Lys, aux environs de Courtrai, ne coûte que 20 francs

---

(1) Voici quelques détails sur la culture du lin en Angleterre, extrait textuellement des notes que MM. Six frères ont recueillies dans le comté d'Yorck. ***Renseignements puisés dans un établissement de rouissage et de teillage, situé à Pattrington***

« Il s'agit de la récolte de 1850, les lins de cette année ont été médiocres.

« Sur 300 acres (120 hectares) le rendement en tiges de lin a varié de 1250 à » 2250 kilog. par acre ; soit de 3062 à 5512 kilog. par hectare. »

« Moyenne par acre 1750 kilog. ; par hectare 4287 kilog.

« Ces lins après rouissage et teillage ont donné en filasse un résultat qui a » varié de 7 à 19 pour 100. La moyenne a été de 12 1/2 pour 100 soit 535 kil. » de filasse par hectare. Ce chiffre coïncide avec celui de 552 indiqué par M. » Marshall dans le rapport de M. Théodore Mareau, page 64.

» 1 hectare dans les environs de Lille, Tournai, Courtrai, et Lokeren, « produit en moyenne 5000 kilog. de tiges de lin égrenées, qui rendent après » rouissage et teillage un minimum moyen de 15 pour 100 soit 750 kilog. » filasse, c'est-à-dire deux cinquièmes en plus que les résultats obtenus dans » le comté d'Yorck, sur la récolte de 1850. »

» les 1000 kilog., tous frais compris; le rouissage à Lokeren » y compris les frais de blanchissage pendant environ trois » semaines sur prairies ne coûte que 23 francs; tandis que » celui par le nouveau procédé, *à l'eau chaude*, tel qu'il est » pratiqué chez MM. Marshall, dans leur établissement de » Pattrington (comté d'Yorck) revient à plus de 68 francs les » 1000 kilog., c'est-à-dire le triple de ce que coûte le rouis- » sage ancien. Ce prix de 68 francs est la moyenne de ce qui a » été payé sur une quantité de 414,440 kilog. de la récolte » de 1850, le revient a été de 2 schillings 9 d. (3 fr. 40 c.) » le CWT 112 livres anglaises (50 kilog.), ils ajoutent, que ces » lins ont été en grande partie séchés à l'air et que le prix en » aurait été encore plus élevé si l'on avait dû les sécher dans » les étuves. »

A la suite et comme complément du rouissage accéléré, il convient de mentionner ici le perfectionnement consistant dans le blanchiment du lin, soit immédiatement après avoir été roui, soit après avoir subi le teillage : c'est à des concitoyens, aux intelligents et habiles industriels précités, que nous devons cette récente innovation, qui promet de réagir favorablement sur la culture et l'industrie linières. Les avantages de cette méthode sont les suivants :

1.° D'obtenir des fils beaucoup plus fins et plus solides que par les pratiques usuelles. Ainsi de la filasse dont MM. Droulers et Agache, filateurs à Lille, n'extrayaient que des fils N.os 45 à 50, a donné, blanchie par MM. Six frères, *avec le cœur de lin*, du N.° 100, et *avec les têtes et les pieds*, du N.° 60.

2.° D'être applicable à tous les degrés de finesse des fils destinés à constituer la *chaîne* des divers tissus de lin : les manufacturiers savent que les fils blanchis après filature perdent beaucoup de leur force, tant par le duvet formé aux dépens d'une certaine partie des fibres linières *détachées* par l'effet des opérations multipliées du blanchiment ordinaire, que par 25 à 28 p. °/o qu'ils perdent de leur poids, en sorte que ceux d'une grande ténuité en deviennent tout-à-fait impropres à former des *chaînes*.

3.° De prévenir l'altération qui fait perdre à la toile et aux autres tissus de lin, pendant le blanchiment habituel, une partie de leur force. Les tissus confectionnés avec les lins blanchis par MM. Six frères ont une résistance égale à ceux écrus préparés par les moyens ordinaires.

4.° De remplacer une opération longue par un procédé très-accéléré : vingt-quatre heures suffisent pour blanchir le lin ou la filasse, tandis qu'environ deux mois sont indispensables pour blanchir le fil ou la toile écrue.

5.° Enfin, de procurer de plus belles et de meilleures étoupes que celles provenant des lins non blanchis.

Des échantillons liniers à tous les degrés de préparation, d'après les procédés précités, seront déposés sur le bureau du comice agricole de Lille, dans sa prochaine séance : la filasse, les fils et les tissus qui devront y être exhibés, recevront sans doute des éloges unanimes et bien mérités pour leur éclat nacré et presque cristallin, et surtout pour leur résistance et leur tenacité extrêmement remarquables.

En même temps que MM. Six frères, ou plus récemment encore, M. Clausen, horticulteur-botaniste belge, partant de la révélation que ses études microscopiques lui avaient faite, que le filament utile du lin n'était qu'un long et frêle tuyau, semblable à un tube de verre, pouvant s'isoler des cellules et des vaisseaux de la plante sans putréfaction préalable, substitua à toute espèce de rouissage, l'action chimique de la soude caustique. Dans une lessive composée de deux parties de cette substance dans cent parties d'eau, le lin, par une ébullition de trois à quatre heures est dépouillé de toutes les parties qui ne sont pas la fibre ligneuse ou filamenteuse; alors on neutralise l'alcali par une addition au liquide de l'acide sulfurique dans la proportion de 1 p. 500; puis on lave, on sèche, on bat : ensuite l'on soumet de nouveau les tiges textiles préalablement coupées en courte longueur par une machine spéciale, au traitement d'une autre liqueur alcaline composée de dix parties de carbonate de soude ordinaire sur cent parties d'eau ; puis on les plonge dans une dissolution composée d'acide sulfurique une partie, eau deux cent : en ce moment, ils s'établit une vive effervescence, qui gonfle et transforme la matière textile en une masse souple expansive, ayant la texture du coton et désignée pour cette raison par l'inventeur sous le nom de *lin-coton :* elle peut être employée écrue et dans ce cas sa préparation chimique est arrivée à son terme ; d'autrefois on les blanchit par le sous-chlorate de magnésie, et on obtient finalement une matière brillante, soyeuse, semblable à de la belle ouate, et qui, sans teillage ultérieur, peut être transformée en fil et en tissu.

Un grand établissement où les procédés de M. Clausen sont appliqués vient d'être mis en activité : il ne tardera pas à nous faire connaître par ses résultats ce qu'on est en droit d'espérer de la nouvelle invention.

L'industrie linière qui a pris un développement si considérable dans nos localités, ne pouvait rester indifférente à ces grandes innovations, et l'une de nos plus habiles maisons manufacturières, celle de MM. Scrive s'est empressée d'importer le rouissage américain dans son établissement de Marcq.

Dans l'intention de déterminer ce qu'on devait attendre de l'introduction en grand de la nouvelle méthode de préparation du lin brut, relativement à la future suppression totale ou partielle de l'incommodité, et insalubre rouissage à l'eau et en plein air, nous avons visité, notre collègue, M. Brigandat et moi, l'usine de ces honorables industriels où l'accueil le plus bienveillant et le plus empressé nous a été fait par l'associé particulièrement chargé de sa direction.

Là, nous avons pu constater que les opérations décrites par M. Payen y étaient pratiquées avec succès, mais non sans quelques modifications plus ou moins importantes; c'est ainsi que les *cylindres égraineurs*, ne remplissant pas avantageusement leur destination, y sont presque abandonnés et qu'on est à la recherche d'autres moyens plus fructueux pour atteindre le but qu'on s'était proposé en les adoptant. (1)

Les *cuves-routoirs* sont plus grandes qu'à Belfast, et de la contenance de 800 kil. de lin brut; nous les avons vus fonctionner à divers degrés de fermentation; dès le début, la température n'y est que d'environ 15 degrés; de rares bulles gazeuses crèvent à la surface; successivement et par des courants de vapeur, la température du liquide est élevée et maintenue à 32 degrés (90 far.). Alors l'action chimique est dans toute son activité et se manifeste par une sorte d'ébullition tumultueuse résultant du dégagement des produits gazeux de la décomposition : ces émanations sont très-abondantes et ont une odeur putride analogue à celle des matières animales pourrissantes; aussi, croyons-nous dès à présent que, pour le cas probable où la nouvelle industrie se naturaliserait parmi nous, il y aurait lieu de la soumettre à un classement et de pourvoir ensuite par des précautions sanitaires aux dangers que ces émanations pourraient faire naître pour le voisinage et surtout pour les ouvriers travaillant dans le local des cuves.

L'opération a une durée variable; certaines qualités de lin n'exigent que 60 heures de rouissage, d'autres en réclament 72, sans que toutefois on puisse jusqu'ici reconnaître à l'avance celles qui doivent se montrer hâtives ou retardataires; lorsque le travail est arrivé à un certain degré, la surface du liquide se couvre d'une écume composée en grande partie de flocons fauves en tout semblable à la levure de bière et qu'on enlève périodiquement avec un instrument qui figure et fonctionne comme une écumoire: on s'assure que le rouissage est achevé lorsque

(1) Les débris des capsules fructifères, dont l'emploi alimentaire pour les bestiaux constitue une ressource utile, nous paraissent, en outre, devoir y être mécaniquement et économiquement séparés des graines qui ont une valeur vénale beaucoup plus considérable.

les fibres corticales se détachent complètement du ligneux et qu'elles s'isolent aisément les unes des autres ; c'est le moment de faire écouler l'eau de macération dans le réservoir citerné disposé à cet usage (1), et de faire sécher la plante textile l'été, sous des hangards, en plein vent, et l'hiver, dans des étuves, afin de remplacer l'*étandage* sur les prairies, du rouissage ordinaire. Dans cette période de la préparation linière, il s'exhale une odeur désagréable de fermentation alcoolique et de fermentation acide qui devra aussi fixer l'attention des corps consultatifs chargés d'émettre des avis sur les demandes ultérieures en autorisation de semblables établissements.

Parvenu à cette période du traitement de la matière textile, le dépôt du lin au grenier, pendant un laps de temps de plusieurs semaines, paraît indispensable pour arrêter, semble-t-il, les restes latents des réactions chimiques qu'il vient de subir : là, aucun inconvénient ne se révèle, en dehors des dangers d'incendie si multipliés dans la plupart des locaux industriels.

Suffisamment sec et reposé, le lin ainsi roué est soumis à une série d'opérations mécaniques : on a renoncé dans l'établissement de Marcq à l'emploi de l'appareil de *Broyage* de MM. Adam Brothers et Compagnie composé comme celui de M. Christian de cylindres cannelés, et en attendant l'essai du système de battes mécaniques adopté pour le lissage du fil, système actuellement en construction, le *Macquage*, *Maillage* ou *Martillage* se pratique à la main, avec l'antique instrument que tous les pays liniers connaissent. Cette modification projetée, heureuse peut-être au point de vue industriel, augmente déjà et augmentera encore davantage plus tard, les incommodités qui résultent pour les ouvriers, d'une poussière abondante et très-irritante qui s'élève des tiges linières battues.

---

(1) La nécessité du *rinçage* à l'eau froide et limpide, après le rouissage, est entrevue dès à présent par l'intelligent directeur de l'usine de Marcq ; il a le projet de le pratiquer dans un bassin alimenté par un filet d'eau courante.

MM. Scrive ont aussi simplifié le teillage mécanique anglais, en le réduisant à faire manœuvrer l'*épée* du teilleur par la force de la vapeur et en restituant à l'ouvrier la direction du travail, sans dépense d'efforts musculaires : cette innovation rationnelle, et qui semble définitivement acquise, (1) n'atténue pourtant pas les inconvénients semblables à ceux du battage concernant les débris corpusculaires tenus en suspension et qui chargent l'atmosphère de l'atelier de teillage, lesquels débris se rencontrent aussi, mais à un moindre degré dans l'atelier du peignage : pour obvier à ce que pourrait avoir de fâcheux, relativement à la santé des travailleurs, l'absorption de ces émanations solides, le chef de l'usine de Marcq, leur prescrit hebdomadairement, à l'exemple de ce qui se pratique à Belfast, l'usage du sel de glauber : nous espérons, que quand le temps sera venu pour le Conseil central de salubrité de méditer les prescriptions sanitaires qu'il conviendrait d'appliquer à la nouvelle préparation linière, il trouvera des moyens plus efficaces et qu'il préfèrera surtout prévenir le mal que de le combattre.

Nos investigations ont aussi porté sur un point très-accessoire, industriellement parlant, mais qui a son importance au point de vue de l'hygiène publique, ce sont les eaux de macération provenant du rouissage : nous avons fait connaître, qu'à leur sortie des cuves, elles étaient reçues dans une citerne ; là elles séjournent jusqu'à ce qu'elles aient déposé les matières en suspension dont elles sont chargées, puis quand elles sont clarifiées, un aquéduc les dirige sur une prairie voisine, qu'elles servent à irriguer : quant au liquide le plus épais du réservoir citerné, il est destiné au même usage que l'engrais flamand : nous devons le déclarer

(1) Nous pensons que ce perfectionnement pourrait aisément s'introduire dans le teillage ordinaire, par la construction de *moulins teilleurs* analogues mais plus simples, et mus à bras d'homme. Chez MM. Marschal, à Pattrington, deux ouvriers teilleurs obtiennent de leur travail, en moyenne et par jour, 30 kil. de filasse ; c'est quatre ou cinq fois plus que par le teillage usuel.

pourtant, ce n'est qu'avec une timide réservé que les cultivateurs ont consenti à essayer ces deux moyens de fertilisation et jusqu'ici rien ne démontre que le manufacturier puisse trouver des compensations pécunières aux sacrifices qu'il s'est imposés, au profit de l'agriculture et de la salubrité : une autre remarque provoquée par ces détails de notre narration, c'est que l'existence des grands routoirs perfectionnés est incompatible avec de vastes agglomérations d'habitations (1).

En somme, le rouissage cessant d'être agricole et devenant industriel est encore dans l'enfance ; il éprouve dans ses évolutions les tâtonnements qui caractérisent les branches d'activité naissantes : autant qu'on peut en juger actuellement, cette transformation est pleine d'avenir et tout porte à croire qu'elle réagira favorablement sur les intérêts agricoles du pays : la maison Scrive est dans les meilleures conditions possibles pour opérer la métamorphose réclamée par les nouveaux besoins industriels : chez elle, le rouissage ne constitue qu'une annexe du filage et du tissage en grand des fibres linières, et elle est en situation de faire, en capitaux et en intelligence, toutes les dépenses que le perfectionnement de ses produits pourrait comporter ; jusqu'ici, elle n'a donné qu'un développement bien inférieur à sa propre consommation, à la préparation des lins bruts reçus dans son établissement de Marcq et déjà elle médite, en poursuivant son agrandissement, une foule d'améliorations, que le temps et l'expérience pourront seuls permettre d'accomplir ; espérons que des

(1) Il faut d'ailleurs des terrains très-étendus, qu'on ne saurait rencontrer dans l'enceinte des villes, pour y édifier le lin brut en merles à son arrivée dans l'usine. La possibilité d'introduire ultérieurement des bateaux chargés soit en lins, soit en combustible dans l'établissement est une condition qui existe à Marcq, et qu'il sera peut-être essentiel de remplir plus tard : enfin les déchets solides et particulièrement les liens du bottage des lins étaient transformés en fumier dans les dépendances de l'usine, celle-ci ne peut se mouvoir librement que dans un espace vide, loin des centres d'habitations.

efforts aussi persévérants, nous feront reconquérir une source de prospérité que nos voisins d'outre-mer nous avaient momentanément enlevée, et qui, grâce au génie et à l'habileté de nos manufacturiers sera restituée au pays, que la nature semble avoir assigné pour en conserver la possession.

Conclusion.

De l'ensemble des développements qui précèdent, il résulte que la production linière et les opérations agricoles qui s'y rattachent sont en ce moment dans une période de transition qui occasionnent des souffrances trop réelles dans les campagnes pour qu'on puisse songer à les aggraver, sans la plus absolue nécessité: d'ailleurs les plaintes qui s'élèvent contre le rouissage ancien, sont moins opportunes que jamais, puisque la culture du lin étant réduite des deux tiers, les inconvénients si justement reprochés à cette opération sont atténués dans la même proportion ; aussi, voyons-nous que la plupart de nos vieux routoirs, encore encombrés il y a douze à quinze ans durant la saison du rouissage par d'abondantes récoltes linières, presque déserts depuis les dernières années : vouloir augmenter la sévérité des prescriptions sanitaires contre les routoirs, ce serait donc accroître les perturbations qui se font déjà si cruellement sentir sur les populations rurales, et l'on risquerait fort pour prévenir un mal évident, d'en provoquer un autre non moins évident, mais plus grand encore : n'est-il pas en outre de la prudence vulgaire, dans une révolution difficile et laborieuse, qui transforme toute une branche de travail national, d'attendre que ses évolutions se soient accomplies naturellement ; avec un peu de patience l'amélioration hygiénique qu'on recherche se produira spontanément sans froissement et sur une échelle bien autrement étendue que celle qui dépendrait d'une mesure de police.

Objecterait-on que dans quelques localités les routoirs occasionnent d'intolérables inconvénients? mais alors la réglementation en vigueur suffit puisque le décret du 15 octobre 1815 range le rouissage en grand, dans la première catégorie des établissements insalubres, et que son article 12 dispose, qu'en cas de graves dangers pour la santé publique, la culture, ou pour l'intérêt général, les établissements de cette classe pourront être supprimés.

Admettant même qu'on puisse et qu'on doive donner suite à la proposition du Conseil général, quels en seraient les moyens d'exécution ?

Dans la diversité de méthodes de rouissage encore actuellement en usage, il faudrait, à travers des nuances insensibles qui les relient toutes, tracer une ligne de démarcation et indiquer celles qu'on entend soumettre à de nouvelles et gênantes formalités. Mais supposons encore cette difficulté vaincue, quels résultats obtiendrait-on finalement de la mesure? L'arrêté préfectoral qu'on sollicite ne peut disposer que pour l'avenir, et la quantité de routoirs est tellement surabondante dans le département que, depuis la création du Conseil de salubrité en 1828, pas une seule demande en autorisation de ces établissements n'a été soumise à ses avis. Les circonstances, comme on l'a vu, ne permettent pas que, de longtemps du moins, rien puisse changer à cet égard; en sorte que, pour arriver au but qu'on se propose, on devrait forcément porter atteinte à des droits acquis, protégés par les lois, et qui ne pourraient céder que devant et au nom d'intérêts supérieurs, en vertu et dans les formes des dispositions législatives indiquées ci-dessus.

Pour achever de se convaincre combien la réglementation projetée, d'ailleurs inopportune, inutile et sans effet réalisable, serait jugée préjudiciable aux intérêts agricoles, il suffit de lire les extraits suivants des rapports adressés sur la matière par les diverses Sociétés d'agriculture du département.

La Société d'agriculture de *Dunkerque* réclame, afin d'éviter des perturbations dans la culture et le commerce du lin, « *que la méthode actuelle de rouissage lui soit conservée*, sans préjudice de la mise en vigueur des anciens réglements. »

Celle de *Bourbourg* est du même avis.

La Société agricole d'*Hazebrouck* pense « *qu'il n'est pas nécessaire de chercher à remédier aux inconvénients qui peuvent résulter des routoirs, par des mesures d'ensemble, qu'il suffit d'engager les autorités municipales à prendre dans leurs réglements de police locale les dispositions qui leur semblent convenables à cet égard.* » Elle ajoute que, dans son arrondissement, l'opération dont il s'agit ne soulève aucune plainte.

La Société des Sciences de l'Agriculture et des Arts de Lille s'exprime en ces termes :

« Considérant que toutes les mesures qui, jusqu'ici, ont été prises contre le rouissage du lin, ont été inexécutées ou sont tombées en désuétude ; que peu de plaintes s'élèvent contre le résultat de cette opération ; que les rares reproches contre le rouissage sont articulés assez vaguement et dénués de preuves à l'appui ; que les travaux d'hommes qui font autorité, tels que Parent, Duchâtelet, Marc, Willermé, démontrent que le rouissage est loin d'offrir, au point de vue de la salubrité, tous les dangers qu'on lui attribue.

« La Société émet l'avis que le rouissage est une opération plutôt incommode qu'insalubre ; elle se joint aux Sociétés d'agriculture de Dunkerque, de Bourbourg et d'Hazebrouck, pour demander le maintien du procédé actuel du rouissage, qu'on ne pourrait d'ailleurs modifier ou même entraver sans porter le plus grand préjudice à l'agriculture. »

La Société de *Valenciennes* déclare, attendu la disparition complète de la culture du lin dans sa circonspection, n'avoir aucun intérêt à débattre dans la question du rouissage.

Celle de *Douai* voudrait « *laisser persister le rouissage à l'eau, partout où il est établi*, » mais en atténuer l'insalubrité par une série de mesures difficiles, compliquées, ou tout-à-fait impraticables ; cette dernière partie de son rapport est implicitement réfutée par d'excellents travaux du Conseil de salubrité de la même ville sur les routoirs de Flines et les marais de Dechy et de Sin. (1)

Au nom de l'arrondissement de *Cambrai*, la Société d'émulation « *déclare que la disposition des routoirs dans des clairs ayant assez de profondeur et d'étendue pour qu'on puisse les parcourir en barquette, produit un travail bien différent de celui des localités où les routoirs sont placés dans d'autres conditions ; ils sont d'ailleurs éloignés des habitations; ainsi par exemple, à Paillencourt, le plus grand routoir du pays, il faut faire deux à trois kilomètres dépourvus de maisons pour y arriver. Ces circonstances portent à croire que dans l'arrondissement, les établissements dont il est question ne sont pas désavantageusement situés.* »

Une seule Société, celle d'*Avesnes*, qui représente un arrondissement où la culture du lin n'a jamais eu beaucoup de développement et où elle est actuellement presque abandonnée, sollicite la proscription absolue du rouissage à l'eau, d'ailleurs inusité dans ses localités; elle veut que le rorage le remplace partout, et ne tient aucun compte des dommages que l'agriculture, le commerce et l'industrie auraient à supporter si ses conseils étaient écoutés.

Nous résumerons en peu de mots cette longue discussion, et nous vous proposerons d'émettre l'avis.

« *Qu'il ne soit pas donné suite à la proposition du Conseil général concernant le rouissage.* »

Lu et adopté par le Conseil central, dans sa séance du 26 janvier 1852.

Signé : BAILLY, DELEZENNE, *Professeur*, BRIGANDAT, et LOISET, *Rapporteur*.

(1) Voir le Rapport sur les travaux du Conseil central de Salubrité du département du Nord, 1849 et 1850, pages 286 et 290.

Lille. Imp. de Lefebvre-Ducrocq.

www.ingramcontent.com/pod-product-compliance
Ingram Content Group UK Ltd.
Pitfield, Milton Keynes, MK11 3LW, UK
UKHW021037200726
13857UKWH00005B/1763

9 782013 038119